봉숭아 꽃물 들이고 싶다

이 도서의 국립중앙도서관 출판예정도서목록(CIP)은 서지정보유통지원시스템 홈페이지(http://seoji.nl.go.kr)와 국가자료종합목록 구축시스템(http://kolis-net.nl.go.kr)에서 이용하실 수 있습니다.
(CIP제어번호 : CIP2020024220)

지혜사랑 219

봉숭아 꽃물 들이고 싶다

최연희

시인의 말

나의 詩作은 매일의 성찰이다

고요한 밤 나 자신을 돌아보는 시간에
적어놓은 삶이기에
활자화되어 내어놓는다는 것이
늘 두려웠다

그럼에도 불구하고
내어놓아야 성장할 수 있다는
충고에 용기를 낸다

나의 영원한 동반자
이용건 님의
사랑과 배려에 감사한다

그는 나의 시작이며 끝이다
첫 시집의 원천은
그렇게 시작되었다

2020년 초여름
서해 끝에서 최연희

차례

시인의 말 — 5

1부

시계 — 12
볍씨의 일생 — 14
고로쇠나무의 운명 — 16
태양도 우는구나 — 17
그림자놀이 — 18
불면 — 19
홀연히 떠난 그녀 — 20
봉숭아 꽃물 들이고 싶다 — 22
하늘 종소리 — 24
한 모금의 죽 — 26
벽지의 생애 — 28
방앗간 집 여인의 말 — 30
겨우살이 — 32
날개 — 34
볏단 — 35
창호지 — 36
내가 쉬어갈 곳 — 38
바위의 독백 — 39
뻔한 넋두리 — 40
위험한 생각 — 42

2부

개심사 가는 길 —— 44
법성포 —— 46
백합 —— 48
갑골저수지 —— 49
튤립 —— 50
배밭에서 —— 51
팽이꽃 —— 52
물 —— 53
해당화 —— 55
할미꽃 —— 56
가지치기 —— 57
두꺼비 —— 58
망둥이잡이 —— 59
타이어 —— 60
일몰 —— 61
삶의 바다 —— 62
파도 —— 63
폭포 성찰 —— 65
간월암에 올라 —— 66
마애여래삼존불심 —— 67

3부

고장난 수도꼭지	70
성모성월	71
유한과 무한	73
1초	75
냉장고	76
꿈을 꾼다, 오늘도	78
나이테	79
흰 고무 샌들	80
작은 소망	82
김장	83
구봉의 전설	85
무의 운명	87
가훈	89
서원	90
소나무의 화답	91
딸이 떠나던 날	93
보이는 향기	94
운명	95
내 안의 나를 찾아	96
숲에서 바다로	97

4부

생이별	100
밤바다	101
나를 깨우는 것들	102
겨울나무	103
동절기	104
별빛 아래서	105
단풍	107
훈계	109
모태	110
세월은 가끔 저 홀로	111
태양의 고독	112
태풍	113
삶	114
인연	116
책임져야 할 나이	117
나를 달래주는 것들	118
동부시장	119
세상이 변해도 어쩔 수 없는 것	121
초심으로 돌아가리	122

해설 • 생의 풍경을 넘나드는
　　　본질을 위한 서정의 시학 • 권혁재 —— 124

• 일러두기
　한 연이 첫 번째 행에서 시작될 때는 > 로 표시합니다.

1부

시계

고요한 밤 적막을 깨우는
초침 소리
누구보다 먼저 눈 떠서
바쁘게 집을 나선다

언제나 앞서가야 한다는 마음에
기다릴 줄 모르네

뒤따르는 분침
소리 내지 못하고
빠른 초침이 큰 원을 그리며
자신의 앞을 지날 때마다
한걸음 겨우 떼는 답답함에 몸살 앓다가

아직도 일어나지 않은 시침에게
무색함 담아 헛기침한다

숙면 취한 얼굴로 일어난 시침
어슬렁어슬렁 가늘게 뜬 눈으로
초침의 부지런함에 웃음 짓고
날렵하지 못한 분침의 등 토닥이며
걱정 말라고 위로한다

>
우리의 도착지는 같다며
시침은 천천히 더딘 걸음으로 미소짓는다

볍씨의 일생

　누런 그대가 네모진 작은집에서 여린 순으로 태어날 때 수많은 얼굴이 순백의 옷을 입은 천사처럼 그대를 희망이란 선물로 반기지

　그대가 바다처럼 넓은 집으로 이사 가는 날 올곧게 자라도록 그대를 세우고 기도한다네 더도 덜도 말고 꼭 그대가 자랄 만큼만 자라달라고

　온몸이 타들어 가는 뜨거운 태양 빛으로 몸을 뒤척여도 꼿꼿이 설 수 없는 폭우와 풍랑 속에서 겨우 살아난 목숨 이제 좀 쉬어가게나

　머리 무거워지고 허리 구부려야 할 때 어여쁜 마음들이 그대에게 시퍼런 낫을 대니 얼마나 무서울까? 하지만 그대

　하얀 알갱이로 다시 태어나는 날 그 의미를 알게 되니 서럽지만은 않을 걸세 그대 다시 태어나 생명이 되어주니 고맙고 고맙네

　그대가 벗어낸 쭉정이는 버려지는 것이 아닐세 그대 머리 빠져나온 껍데기는 사람들 머리를 맑게 할 베개가 되고 줄기들은 삶의 터전인 대들보 위에 지붕이 된다네

>

 그뿐인가, 신발이 되어 세상을 두루 다니고 두둑한 이불이 되어 겨울나는 이들의 안식처가 된다네 그러고 보면 그댄 참 쓸 만한 놈일세그려

고로쇠나무의 운명

 겨우내 비탈진 산기슭에 꿋꿋이 서서 깊은 밤의 고독과 바람 눈보라와 추위를 견뎠네

 뜨거운 햇볕 속 가뭄 가지가 쩍쩍 갈라지는 메마른 날에도 힘을 모아 견디었고 저 아래 여린 뿌리의 필사적인 노력으로 수액 퍼 올리지 않았던가

 작고 하찮게 보이지만 잔뿌리가 제일이더라 나의 생명줄이더라 새순 피우고 울창한 숲으로 삶의 몫을 다하여 울긋불긋 곱게 물들여 낙엽으로 대지 위에 살포시 누우면 이제 좀 쉬어야하리 깊은 잠 자야만 하리

 긴 하품이 끝나기도 전에 빠져든 잠 단꿈을 꾸고 있는 순간 불현 듯 살이 깎이는 아픔이 느껴진다 아직 채 깨지 못한 잠결 속에 느껴지는 고통 옆구리에 칼날이 쇠꼬챙이가 들어오네

 소름 돋는 충격에 나도 모르게 뱉어내는, 왈칵 쏟아내는, 긴 겨울 나를 지켰던 생명수, 네가 나를 보고 울고 있구나 네가 나에게 기쁨을 주는구나

태양도 우는구나

어둠과 빛이 갈라지는 그 순간
같은 자리에 솟아도
늘 다른 모습으로
우리에게 다가오고 싶어 하네

붉은빛으로 살며시 스며들어
화사하게 피어나는 꽃 위에 내리고
푸르른 잎새에 반짝이는 빛으로 다가서서
발그레한 복숭아 볼에 분홍빛으로 오네

잿빛 볼멘소리를 내거나
냉혹함으로 태풍을 불러오고
검푸른 구름 속 고요와
습한 열기의 목마름을 느끼게도 하지

그 태양이 오늘 밤엔 울고 있네
오랫동안 소리 내지 못한 설움
봇물 터지듯 쏟아내네

파르르 가슴속 깊은 울림
서쪽 하늘 끝 모퉁이에 서서
퍼렇게 멍든 상처로 입을 열었네
벌겋게 꽃물 들여 처절히 울고 있네

그림자놀이

애당초 없었던 존재가
나와 함께 일어나
떨쳐 놓으려 해도 떨어지지 않고
헤어져 살 마음조차 없구나

구름과 새처럼
넓은 대양으로 나가
파도로 출렁이며
밝은 곳에서 자유롭게 살아보렴

더 멀리 달려보라 했건만
발끝에 앉아
검은 미소 짓는 널
데려가마, 태양 빛으로

넓은 바다 보여주고
멋진 세상 살도록 놓아주고 싶었는데

그 세상 내가 보았네
밝은 빛 속에 내가 살게 되었네

불면

피곤이 밀려와
오늘은 일찍 잠이 오려나
따뜻한 이불 속
지그시 눈 감으니
봇물 터지듯 떠오르는 생각들이
꿈틀꿈틀
생각 밖으로 나온 세포들
저마다 자기 언어로
소곤소곤
시끄러워 잠을 청할 수 없다
늦게 마신 커피를 탓하며
윙윙대는 잡념들 내보내려
무심코 열었던 창문
안개비가 내리고 있구나
생각 주머니 흔들어
하얀 제 모습 보이려
나를 부르려는 수작이었구나
그 속에 촉촉이 젖어
눈 감고 싶은 내 마음 누가 알아줄까

홀연히 떠난 그녀

그레고리안 성가가 울려 퍼지는 수도원 성당

성무일도*가 낭독되는 조가 시간 "하느님 날 구하소서"

선창하는 그녀의 목소리는 청아하고 맑게 울렸다

높은 천장 속을 가득 채운 스테인드글라스의 아침 햇살

프란치스코 성인에게까지 전해져 성인이 웃는다

아내 모습을 보고 허망하고 쓸쓸한 마음이어야 하는데

그녀의 시편 노래는 나의 빈 가슴을 가득 채웠고

외롭지 않았다

그녀는 그곳에서 나는 이곳에서 함께 기도했던 것처럼

두 손을 합장하고 성체 앞에 앉아 기도하는 그녀

하얀 수도복이 은갈치보다 빛났다

>

  그렇게 예뻐 보였던 귀가 베일에 가려져 보이지 않아도

  어색함이 없는 그녀와 눈이 마주쳤다, 성체를 영하고 돌아오며

  내 가슴은 쿵 내려앉았지만 그녀는 미동하지 않았다

  뼐 속으로 잠길 것 같은 마음

  더듬더듬 잡히는 손

  잠에서 깬 내 손안에 그녀가 있었다

  * 수도자가 매일 드리는 기도서.

봉숭아 꽃물 들이고 싶다

나의 손등에 검버섯이 생겼다
부추며 고추 채소가 내 손길을 기다린다

손바닥엔 굳은살이 배겼고
만지는 것마다 생채기를 내지만

장갑에 의존하지 않고
맨손으로 풀을 멘다

네일아트 한번 해보지 않아
거친 손으로 신는 스타킹

번번이 올이 튀어
입어보지 못한 치마

오늘도 나는 몸빼 입고 장화 신고
녹슨 호미를 들고 풀밭으로 간다

하얗고 매끈했던 손
흙 만지고 햇살과 벗하다 보니
손등에 꽃이 피었다

>
예쁘다 어여쁘다 내 손
손톱 끝에 풀물 들어
내 손톱에 둥지 틀고 사는 것들

긴 세월 함께하는 벗
노후를 같이 보낼 수 있으니
외롭지 않다

어느 날 나의 손톱에도
봉숭아 꽃물 들일지 몰라
이 또한 나의 행복이 아닐는지

하늘 종소리

덩그렁덩그렁 댕그랑댕그랑
어린 시절 새벽이면 들려오던
두부 장사의 종소리가
한낮 대로변에서 들린다

힘 좋은 팔뚝의 무표정한 사내들
어깨에 메인 꽃상여 앞서고
검고 긴 몸체의 충혈된 두 눈
껌뻑껌뻑 울어대며 그 뒤를 따른다

떠나는 이의 마음 아쉬워
빠른 걸음으로 가지 못하고
남은 자의 마음 달래려
땅이 그들의 발걸음을 묶는다

먼 산 끝자락
달려온 안개도 멈추고
아무도 모를 눈물 주르르
저승길 바닥을 적신다

찌직 찌직 울어대는 바퀴 소리
비포장 위로 요란하게 딸랑딸랑

누운 자를 슬퍼하고
산 자를 걱정하며 어허 딸랑

한 모금의 죽

서리 내린 단발머리
뒤집힌 배 닮은 입술
뒤뚱거리는 걸음
검고 맑았던 눈동자
희멀건 눈빛으로
나를 보는 듯
아니 보지 못하는 듯, 어머니

깊이 파인 눈가 주름은
내 삶의 길
그 길 걷다 보면
지치고 허무하고
성급하여 헉헉대고
복통으로 배설도 하고

달랠 수 없는 아픔이 다가올 때
어머니의 미소는
한 모금의 죽 같다

거울 속에 비친 내 얼굴에
똑같은 골이 생기고
때가 되면 알 거라며

막연한 약속을 했었는데
그 길을 걷는 자식에게
나도 한 모금의 죽이 될 수 있을까

벽지의 생애

늘 귀만 열고 세상을 살아간다
예쁜 얼굴에 선이 그어졌다

둥글고 노란 꽃
초록의 잎으로 가득한 얼굴에
선명하고 굵은 선

점선이 도돌도돌 부어올라도
귀만 있으니
아프다 소리 내지 못했을 것이다

누군가 상처를 보고 치유해 주었으면
작은 희망으로 기다린다

수많은 소리가 그곳에 닿을 때
얼마나 쓰리고 아렸을까

약이라도 발라주기를 기다리는 마음 가득해도
귀만 있으니
보채지도 못하고 울었을 것이다

부어오른 상처에 붉은 핏자국이 굳어가고

작은 둥지 틀어 상처를 후벼놓아도
참고 받아들여야 했으니 그 마음 어땠을까

딱지 앉아 떨어지지 않는 아픔
그 마음 읽어 보듬어 줄 누구 없으니
귀만, 귀만 열고 가슴으로 삭히며 살아낼 것이다

방앗간 집 여인의 말

　바람이 차가운 손길로 온몸을 감싸 안으니 고요에 잠겼던 마음, 제 몸 비비는 잎새 소리에 놀라 은행나무가 부르르 몸을 떤다

　거대한 몸채의 떨림, 소름 돋는 칼부림이 있던 그날부터 무엇에도 흔들리지 않던 아름드리나무가 한 줌 바람에도 몸을 떤다

　사람들은 저마다 제 언어로 자신을 표현한다마는 나무는 몸부림으로 제 마음을 표현하는 것 두꺼운 껍질 속 나이테가 영글어가며 얼마나 많은 눈물과 아픔이 있었을까

　얼마 전 은행나무는 곡괭이로 매질을 당했다 아니 칼질을 당했다 돌계집이란 이유로 주인집 사내는 나무 몸통에 상처를 내면 열매가 많다는 방앗간 집 여인의 말에 솔깃하여 밭 갈던 괭이로 몸통을 마구 때렸다

　시집 가보지 못한 처녀가 어찌 아이를 낳는단 말인가 남자를 모르는 계집에게 아이를 낳지 못한다고 온몸에 칼질를 해대다니 사내였을지도 모를 일 계집이 아닌 사내에게 아이를 낳으라고 매질을 하다니

>

  무식한 세상, 건넛집 나무는 풍성하게 아이를 잘 낳는다는데 이놈은 잎만 무성하니 사내는 긴 한숨을 쉰다 거기엔 사내가 모를 이유가 있다 건넛집 나무는 계집이고 메질 당한 나무는 사내인 것을 몰랐던 것

  바람 부는 날 메질 당한 나무는 건넛집 나무에 사랑을 전해주고 건넛집 나무는 메질 당한 나무의 씨를 받아 아이를 술술 낳는 것 오늘도 은행나무는 바람에 부딪히는 잎새 소리에 소름이 돋도록 놀라고 있다는

겨우살이

더부살이 중 가장 뻔뻔하고 질긴 나

눈치 볼 때도 있지만 견디기로 했다

나를 떨쳐 보내려는 주인

바람을 불렀지만

끈질기게 온 힘 다해 버티련다

어떻게 날아와 앉은 내 보금자린데

그깟 바람과 잔소리로 떠날 수 있으랴

따끔한 눈총에 흔들려 떨어질 내가 아니다

내 집인 양 뿌리 내리고 꽃 피우고 산다

드디어 주인과 한 식구 되어

눈보라도 비바람도 함께 견디며

>
　내가 주인에게 뭔가 해 주어야 할 봄

　나눌 수 있는 건 수액과 영양분

　이미 우린 한 몸 아니었던가!

날개

저 침묵하듯 보이는 뻘 밑

얼마나 많은 생명이 꿈틀거리고 있을까

잠길 때와 활동할 때를 아는 지혜로움 배우고 싶다

더 멀리 더 높게

그보다 중요한 것은 '지혜롭게'라는 걸

늙어가며 배운다는데

나는 좋은 학생이 아닌가보다

그래도 나는 날고 싶다

더 높게

더 멀리

훨훨 날아보고 싶다

볏단

추위에 떨고 있는
속마음 감추고
서늘한 바람에 누워 있다오

언제나 부르면 바로 다가와
따스한 온기를 주고
고요히 잠재우는 그대

모진 추위를 견디고
겨울비로 온몸 적셔도
다 주고 다 비우고

그대 품에 있으면 새 생명이 자라고
분심을 제거할 줄 아는 능력을 배운다오
그대, 친구가 되고 싶소

창호지

일 년에 단 한 번 외출하는 문틀

자신의 굴레에서 벗어나면 큰일 나는 줄 아는 그가

빛바랜 옷을 훌훌 벗고 부끄러움도 참아내네

책장을 이불 삼아 곱게 잠든 붉은 양귀비

초가을 코스모스 늦가을 단풍잎까지 단잠 깨워

예쁜 속옷 소재로 기꺼이 쓰이네

감히 손댈 용기 나질 않지만

차디찬 물벼락도 마다치 않고 햇살에 몸 말리는 문틀에게

예쁜 꽃무늬 속옷에 하얀 겉옷을 선물하고 싶다

찐득한 풀로 비누칠한 그가

햇볕에 너무 태우면 아픔을 겪게 되니 조심조심

>

예쁜 속옷과 흰 겉옷의 조화로움이라니

뽀송뽀송 잘 말려진 문창門窓

얇은 종이 사이로 햇살이 몰려오는 아침

긴 그림자 눕는 저녁

일년 내내 멋진 자태로 뽐내며 지켜보는 여닫음의 미학

내가 쉬어갈 곳

일과 휴식이 상존한다

노동과 숙면이 일상이다

쉼 없이 출렁인다

평온한 잠 깔고 망망대해에 눕는다

뜨거운 태양과 태풍의 파도가 덤벼도

말없이 품어 재우는 곳

하루의 고됨이 쉬어가는 곳

물새가 지쳐 머물 곳 찾을 때

언제나 가슴으로 안아 어깨를 다독인다

평온 속에서 눈을 뜬다

모두 그 안에서 다시 시작한다

내가 쉬어갈 곳, 바다

바위의 독백

솔 씨 하나 찾아와 잠시만 머물겠다 한다
코딱지만 한 그가 차지할 땅이 얼마나 되겠나

비가 와서 조금 더 머물겠단다
그렇지, 그대로 보내면 너무 매몰차지 않은가
이제 겨우 피어난 어린 새싹 뜨거워서 못 간단다
그도 그럴 테지 어떻게 피운 생명인데
뜨거운 햇볕에 타버리면 나는 어쩌나

그렇게 한 계절
그렇게 사계절이
또 그렇게 두 해가 지나니
내 몸이 조금씩 갈라지기 시작하고
작게 조각나 떨어져 나갈 살점을
그가 쥐고 있다

버거움에 떠나란 말이 혀끝에 맴돌아도
입을 열 수 없다
이미 그가 차지한 공간이 너무 크고
나를 지탱해 주는 힘이 강해서
나는 침묵한다
그가 커질수록 너무 아프다, 나는

뻔한 넋두리

가끔 삶은 참 무료하면서도 너무 빠른 시간에 정신이 없다

여럿이 함께 있는 듯해도 홀로 있어야 할 고독

나를 위해 사는지 남을 위해 사는지 모호하다

기쁘고 보람됨에도 불구하고 부족하다

정해진 행로를 걸으면서도 알 수 없는 미로를 헤매는 것

세월에 밀려 어디로 가고 있는지 그 행로를 모르겠다

삶은 고착되지 않고 도전과 함께 늘 흐르는 물과 같다

멈춤인 듯하지만 가야 할 목적지가 있어 출발해야 할 초록 신호등

늘 가던 길이라 익숙하지만 낯설기도 하다

가슴에서 솟구치는 열정과 맘껏 펼치게 하는 에너지가 있어

금방이라도 동편에서 태양이 떠오를 것 같다

＞

삶은 눈물로 아픔으로 피어난 화사한 꽃

놓을 수 없는 행복이요 잃을 수 없는 즐거움이다

같은 듯하지만 절대 같지 않은 순간의 연속

습관처럼 되어버린 매일의 만남은 첫 시간 같은 만남

어제와 같은 오늘, 오늘과 같은 내일 없으니

감사해야 할 축복이요 신의 섭리이다

위험한 생각

깊은 잠에서 깬 여인이 바라본
거울 속의 수척한 또 다른 여인
아, 빛 잃은 동공
처진 눈가에 나이테처럼 촘촘한 주름
무너진 광대뼈
뒤집힌 한 척의 배 같은 입꼬리
항해자는 누구였을까

잠시 깊은 물에 잠긴
여인을 향한 한 줄기 빛
미세한 주름 하나하나에
흘렀던 고운 시간이
언제 슬픔으로 남아
골 깊은 얼굴이 되었던가

촘촘한 나이테에서 들려오는 메아리
무너진 광대뼈에서 울리는 함성
엎어진 배 밑에서 아우성이다
번쩍 눈을 뜨고
수면 위로 오르며
참았던 숨 길게 토해낸다

2부

개심사 가는 길

　개심사로 오르는 길은 초록향연이 푸르게 열려있다 울창한 숲에 몸 기대어 걸으면 낙엽으로 폭신하게 다져진 흙길 내 마음 초록으로 물든다

　수많은 사람의 발걸음에 채이고 밟혔어도 그 길엔 푸르름이 꿋꿋이 자라고 있어 이 길은 홀로 걸어도 외롭지 않다

　풀벌레의 구슬픈 합창 솔새의 애절한 독창 가벼이 흐르는 계곡물 소리 바람이 전해주는 느림의 여유 햇살 반사되어 빛나는 초록빛 계단 다듬지 않은 투박함이 어색하지 않다 발바닥 닿는 곳마다 편안함이 있다

　숨 가빠지면 잠시 고개 들어 푸른 나무와 작아진 하늘을 보자 그렇게 땀 식히고 숲을 다시 걷노라면 어느새 개심사 연못에 닿게 된다 거울 연못 앞엔 고목 한그루 역사를 굽어보듯 우뚝 서 있다

　개심사 건축물의 대들보며 기둥은 곧은 것이 없다 제 모습 그대로 나뭇결 살려 토담 쌓고 흙벽 바르고 창과 문을 달았다 개심사 모퉁이 돌아서니 해탈문이 나를 기다린다

　세상 모든 번뇌를 벗어나 열반으로 들어가는 문 바람에

출렁이는 풍경소리 들으며 조심조심 발을 들여놓는다 그 해탈문 안으로

법성포

갈매기 떼 노니는 바닷가
오지도록 풍상 견딘
바위층에 쉬어갔을 척박한 그 틈에
세월 함께한 노송 그림자
바다에 떨어진다

귀향하는 만선의 뱃고동 소리
우렁차게 파도를 달래고
빗방울이 그 위에 더해져도
힘차게 물결 부수며
보고픈 가족 품으로 달려온다

꼬맹이들 하얀 기쁨의 환호성
영광굴비 사라고 외치던 시장통
아낙네 소리 떠날 듯해도
뱃고동 소리 가까이 오자
이마에 송골송골 맺힌
땀방울 씻어내며 부두로 달린다

한갓 욕심도 허황한 꿈도 없는
만선의 길게 주름진 미소로
주어진 대로 사는 수순한 뱃사람

갯벌 내음에 해초가 자라고
풋풋한 인정과 사랑 속에
아이들이 자라는 평화로운 법성포

백합

창틈 사이 새벽바람 톡톡
둥근 해님 배시시 웃네
서해 끝에도 봄은 오는가

화단에 연두 입술 삐죽빼죽
작은 주둥이로 숨을 쉰다
삽사리가 모두 파먹은 줄 알았는데

열댓 잎새 일제히 하품하니
앙증맞은 입술
바람이 훔쳐가고 말았네

창백해진 얼굴
수줍어 머뭇머뭇 고개 숙이며
뽀로로 함박웃음 터트리고 마네

갑골저수지*

하얀 들판에 햇살 드리워
대지 어깨가 조금씩 들썩일 때
떠돌이 기러기들과 청둥오리들
제집인 듯 푸짐한 식탁을 차리지

황새 한 마리 그 무리 속에 앉아 있자니
남의 집에 온 양 안절부절
텃새 부리듯
청둥오리들 요란스럽다

눈 한 번 질끈 감고
긴 다리 하나 들고
목도 길게 빼며
천천히 여유롭게 배를 채우는 황새

모두가 객인데
서로 주인인 것 같다
들판도 세상도 같은 모습이다

* 필자의 집 뒤 작은 저수지 이름.

튤립

연약한 연두 줄기로
서 있기 힘들지 않았을까

얇은 꽃잎 피우느라
꽃봉오리는 얼마나 힘주었을까

살포시 한 장 두 장 붉음으로
세상에 나올 때마다 환호했을 밤빛들

너를 닮고 싶어
그저 너 닮고 싶어

어두운 밤 하얗게 지새우며
온 힘 쏟아낸다

배밭에서

새벽 달빛이 가만히 내려와
밤새 시달린 피로 내려놓으면
잎새는 말없이 머물라 하네

맑은 이슬로 목축이고
꽃술의 달콤함으로 원기 회복하니
햇살의 강렬함도 두렵지 않다

바람에 하얀 파도 밀려오는
배꽃 숲에서 바다 내음
파도 소리 들린다

하얀 꽃눈들
파란 보리 물결 위에
그림을 그리곤 하늘 보며 웃고

몸을 씻고 바람은
정갈한 마음으로
지는 꽃의 아름다움 노래하누나

썩지 않을 열매 되려면
아름다운 꽃도 져야 한다는
평범한 진리를 깨닫는다

팽이꽃

가슴에 툭 하고 떨어진 한 송이

맴맴 돌며 피어나는 꽃

뱅그르르 돌아 일년

뱅그르르 돌아 수십 년을 그려낸다

바람이련가

물결이련가

채찍에 맞아 맴돌며 그려내는 인생 꽃

멈춤을 모르고 돌아야 피울 수 있는 꽃

무뎌지면 쓰러지고

날카로우면 다치나니 마음 비우고

돌고 돌며 피는 꽃

물

늘 저 홀로
한길 따라 돌돌 흐른다
마치 가슴 속 숨긴 언어를
낭독하는 것처럼

작게 하늘대는 소리
온 숲을 가득 메우고
메아리 되어 흐르는 음률
하늘을 전율케 한다

흘러가는 그의 품에
나를 담그면
그는 매일매일
다른 모습으로 반김이라

투명한 속살로
읽어낸 회색빛 나의 창에
비우라 내려가라
쉼 없이 졸졸거린다

두 손바닥으로 떠올려
그의 얼굴과 하나 되는 순간

감히 들여다보고 싶다
그 비밀의 괘를

해당화

검붉게 피어오른 탐스러운 꽃잎
풍만한 가슴 그 속에
하루 시름 내려놓으리라

고운 향기로 번져가는 미소
발그레한 잎
달콤한 향과 매끄러운 자태

파도에 씻긴 정갈한 네게
해풍으로 달아오른 열정
팽팽한 내 영혼 던지리

해안에 붉게 번져가는 미소
봉긋 가슴 사이로
화산처럼 타오르는 몸짓

초여름,
뜨거운 열정에 빠진다

할미꽃

늙어서 피는 꽃이라 할미꽃이라 했나

무덤가에 피는 꽃이어서 할미꽃이라 했나

무엇이 그리 세상 보기 부끄러워

태어날 때부터 고개를 들지 못하는가

차가운 날 인내로 따스한 날 온화함으로

거친 꽃잎에서 할미 삶의 순간들을 볼 수 있다

지혜를 안고 속으로 겸손 담아 피어났네

누구라도 청하면 모든 것을 나누네

꽃술 속 가꾸어온 작은 꽃의 호흡

모든 것을 뛰어넘고 피는 꽃이라서 할미꽃이네

가지치기

햇살 가린다고 잘라냈다

단풍나무 가지가 이리저리 뒹굴고 있다

하얀 속살 드러낸 밑동은

소리 없이 눈물만 흘리고 있다

너부러진 가지에서도

마지막 울부짖음이 들린다

푸른 가지를 다시 볼 수 있을까

처절한 울음 부른 저 태양을 원망해본다

두꺼비

소나기 내리는 날

낙수 끝에 옴짝달싹 못 하는 두꺼비 한 마리

벌린 큰 입에 담긴 언어 삼키지 못해

풍선 두 개 양쪽에 물고

바람만 불었다 뺐다 불었다 뺐다

한걸음 옮기고 멈추고

또 한 걸음 떼려다 멈추고

낙수 피해 이리저리 몸을 옮기고 있다

무거운 몸 말을 듣지 않는다

언제 저 멀고 먼 길 가려는지

억수로 내리는 소나기 사이로 무지개 피었다

망둥이잡이

바다 끝 돌로 쌓인 네모난 어장
밀물에 차고 썰물에 비워지는 그 속에
망둥이 몇 마리
살이 찢긴 놈
눈알 튀어나온 놈
온몸 멀쩡하나 숨 쉬지 않는 놈
밀물에 들어와
썰물에 빠져나가지 못하고 갇힌 게다
오래도록 지켜본 돌 틈 검은 이끼가
바람 따라 저승곡 부른다
바람이 파도 위에 가만히 머물고
서녘 빛이 물살 위에 앉으면
검푸른 그림자 하나 바지랑 메고
태양 등지고 걸어온다
바지랑 속 망둥이 배 갈라
썰물에 내장 씻겨 떠나보내면
수평선 저 너머 하얗고 둥근달
부끄러이 고개 든다

타이어

아프다고 뽑지 마라
굴러가고
굴러가도 빠지지 않는 바람
가슴 한복판
못 하나 박고 사는 삶
그것이 인생이다

일몰

그대 기다리다 물살에 쓸려간 마음
그 틈새로 해초들이 자라고
하늘이 내려와 쉬며
석양빛 잠기는 곳 되어버린

그대,
다시 온들 머물 자리 있으랴
가소,
썰물 따라가소

파도가 낳은 하얀 추억으로
밤하늘 벗 삼아 동녘 빛 물들이며
그럭저럭 살다 보면
이럭저럭 잊은 채 살아갈지니

삶의 바다

아픈 몸짓이었으리라
품은 생명 바치기 위해
침묵으로 삼켰으리라

오! 삶이 죽음으로 이어감을
일찍 깨달았더라면
그 몸짓으로 더 가치 있었으련만

이제 그 가슴앓이가 사랑임을
그분께 드릴 최상의 보화임을
깨달으니 내 삶에 감사하리

가자 가슴 넓은 삶의 바다로
이제 파도가 되리
끊임없이 출렁거림 속에서도

바다를 떠나 살지 않는 파도 되어
삶의 바다인 그분 품에서
한목숨, 온 생애 이어가리

파도

조그만 파문을 몰고
해안으로 밀려드는 너
그 모습 고운 모래 위에 남겨놓은 채
잡을 수 없고
찾을 수도 없는 곳으로 사라져가네

모래 위에 새겨진 이야기
그 위로 조개들의 숨소리 번져가고
밤하늘은 낮게 내려와
너의 발자국에 입 맞춘다

바위에 부딪히는 아픔 참아내고
이리저리 밀리어
잠시 머물 공간 없어지니
누구의 손길 닿지 못하는
그곳에 머무는 너

못내 아픈 상처와 고달픔의 하루
지는 태양을 단숨에 삼켜 버리고
바다를 떠나서는 살 수 없기에
애꿎은 바위에 파도만 철썩거리네

>
갈매기 노래도
일출도 일몰도 위로가 될 수 없어
바다 품에 노래하는 너의 푸른 언어는
내게 생명의 찬가 되네

폭포 성찰

물보라 속 무지개가 솟는다
빛이 있기에 모든 것이 있네
물기둥 빛기둥

장고한 세월 한곳에서 시작하여
같은 곳으로 흐르는 세찬 물줄기
침묵의 시간 그 속삭임을 듣는다

물보라가 나비처럼 춤추며
살포시 볼에 닿는다
찬 기운에 움찔해도 미동하지 못하네

긴 세월의 속삭임 행여 사라질까
빛으로 인해 힘을 얻고 마를 줄 모르는 물
그 물보라 앞에 쓰디쓴 넋의 옷 벗는다

긴 세월 쓸리고 깎이며 쌓아온 숭고한 삶
내려가는 길이 빛으로 가는 생명이라고
물보라 휘저으며 온몸으로 소리친다

못다 벗은 쓴 넋 물기둥에 모두 씻고
푸르고 정갈한 새 삶의 옷을
하얀 마음으로 청해 입는다

간월암에 올라

서녘에 주홍빛 줄기 오선 그릴 때
은은한 달빛은
수많은 음표를 그려놓고
신선각 위에 앉는다

어둠 짙어지는 밤하늘
보름달을 품는 기쁨보다
초승달에 은은히
차오르는 달빛이 더 달콤하다

비워야 채울 수 있다는
평범한 진리와 삶의 지혜
달빛에 조금씩 그을리고
마음의 풍요 배운다

마애여래삼존불심

얼마나 오랜 세월 가슴에 품고
기다림을 가꾸어왔을까
홀로 웃고 울던 세월
세상 멀리 떠나와
저 홀로 지니고만 살고 싶었으리라
순간순간 마음속에 그리고 또 그려
잊을 수 없는 선명한 선 되었겠지
담고 또 담아 철철 흐르는 애심
주체할 길 없어
정들어 마음 새겨 놓았네
연잎 하나 사랑 하나
연잎 둘 사랑 둘
일일이 다 새겨 놓을 길 없는 마음
연꽃으로 후광을 휘감아 놓았네
언제 보아도 자애로운 반달 눈썹
살구씨 모양의 자비로운 눈
둥글고 풍만한 얼굴
물 위에 떠 있는 영롱한 수련
맑고 청청한 천년의 미소
그 임 가슴에 품고
긴긴 세월 기다림을 불심으로 가꾸네

3부

고장난 수도꼭지

조이고 조여도 떨어지는 물
톡 톡 톡
무엇으로 막을 수 있으랴

꼭지에서 바닥까지
찰나의 순간이
이별을 준비한 세월보다 길구나

저도 모르게 떨어져나온 물방울
그대 마음속
폭포 되고 바다 되어 출렁이니

투명한 유수에 둥지 틀어
빛 받으며 샘 되었네
바위틈새 가재랑 송사리 키우고

반짝이는 모래알에 세월 담아
황혼빛 노을에 말리며
어깨를 나란히 같은 곳 보았는데

조이고 조여도 새는 눈물
내 마음이더냐
네 마음이더냐

성모성월

연초록 잎새가
짙어지는 당신의 계절
희디흰 꽃 덤불 아련한 꽃내음
물 번지듯 풍겨오는 향기 속
당신 사랑 담겨있습니다

하루를 시작하는 새벽이면
당신 앞에 서서 다짐합니다
당신처럼 사랑하리라
당신처럼 온유하리라
몇 번이고 당신의 이름 부릅니다

작은 아이들의 난리는
투정 어린 엄마의 사랑으로 통하고
긴 고뇌와 피곤 그리고 삶의 짐은
순간의 행복과 삶의 연륜으로 통하는 것

하늘 아른아른 푸르고
몇 번이고 부르고 싶은 당신의 계절
맑음과 밝음이 바램이었고
맑디맑은 영혼 되길 원하였거늘

>
한 줌 바람 같은 하루를 보내고
다시금 당신 앞에 서서
당신 이름을 부릅니다

어머니,
내 머리 위에
생명의 단비 뿌려주십시오

유한과 무한

길게 내려앉은 달빛 그림자에
내 모습 비추어보니

같은 그림자이거늘
하나는 달빛처럼 희고
하나는 성난 하늘빛 닮아 검다

옥빛 물결 속에
내 마음 담가보니

같은 빛이거늘
하나는 물빛처럼 맑고
하나는 잿빛 닮아 탁하다

하늘빛 푸름에
내 삶 담아보니

같은 세월이거늘
하나는 영원함
하나는 퇴색됨

같은 곳에 머물다 가나

하나는 돌아옴
하나는 떠남이라

1초

불꽃 튀는 사랑을 이루는 시간

긍정의 힘으로 세상 바뀌는 시간

위험에 빠진 목숨 구해지는 시간

긴 아픔과 오해를 씻고 용서하는 시간

어둠 속 빛을 보고 다시 시작하는 시간

냉장고

　미열이 오랫동안 계속되더니 열이 높아져 시원해야 할 곳에 땀이 송송 맺히고 심장박동 소리가 요란해지기 시작하더니 이젠 비지땀을 흘린다 철렁하는 가슴에 A/S 센터에 전화하니 삼일이나 있어야 한단다

　열이 펄펄 나는 이 아이를 어쩐담 땀을 뻘뻘 흘리는 이 아이를 어찌해야 하나 마지막까지 버티느라 온 힘을 쓰는가 보다 비명이 밤새 멈추질 않는 것이 젖먹던 힘까지 다 쏟아내는 모양이다

　드디어 A/S 기사가 와서 여기저기 진찰을 해보니 두어 군데 수술해야 한단다 간도 콩팥도 거기다 폐 한쪽도 이식해야 한단다 속이 저렇게 뭉그러지도록 나는 무엇을 했단 말인가 수술이 시작되었고 오랜 시간이 지난 후 숨소리가 고르게 들리니 내 속이 다 시원하다

　이게 끝이 아닌가 보다 며칠 지나지 않아 다시 박동이 약해지더니 숨소리조차 희미한 것이 아닌가 다시 A/S 기사에게 긴급출동 요청했고 다행히 바로 와서 섬세하게 살펴봐 주더니 이번엔 혈관이 막혔단다

　서서히 흐르던 혈류가 수술로 회전이 빨라지자 버거웠던

지 혈관 속 이물질이 흘러 돌아다니다 약한 부분에서 꽉 막혀버린 것이다 뚫리지 않으면 수명이 다한 것이란다

 온 정성으로 혈관 뚫는 치료에 전념을 다 했다 더 많은 수술시간이 흘러 혈관이 조금씩 순환되더니 뚫렸다 막히기를 반복했다 제 속도의 혈류가 흐르고 있다 다행이다 정말 다행이다

 예전 같진 않지만 미열도 없고 맥박도 혈압도 정상이고 느리지만 제 속도를 유지하며 돌아가는 냉장고 그래, 더도 덜도 말고 1년만 더 버텨다오 하지만 그는 삼 일만에 세상을 하직하고 말았다

꿈을 꾼다, 오늘도

높이 날면 더 멀리 볼 수 있다 했던가
난 조나단 되는 꿈을 꾸었다
무리를 떠나 낯선 길을
홀로
깊은 침묵과 어둠을 견디며
높은 창공을 가를 땐 함성을 질렀지
새로움의 희열
공포가 교차하던 순간들
세월이 말해주었던가!
높이 날기엔 불안한 세대
도전 뒤에 결실은 크지만
자유 뒤엔 책임과 의무가 따른다는 걸
내려놓지 못하는 삶의 무게가
좀 더 높이
좀 더 멀리 날 수 없게 한다는 것을
그래도 난 오늘
더 멀리 더 높이
자유와 도전을 갈망하는
새로운 조나단의 꿈을 꾼다

나이테

가려거든 저 홀로 가지
남몰래 가는 길 외로워
나이를 데리고 가네

삶의 진지함 속 설렘
세월을 불러세워
그 기쁨을 품고 싶음이요

밀려오는 어둠에
한발도 디딜 수 없어
빠른 시간의 강으로 흘러가
긴 다리 건너 쉬고 싶음이라

이젠 세월의 재촉
눈가의 주름조차 잊고
고요 속에 잠겨
안온한 삶의 길 걷고 싶어라

흰 고무 샌들

동부시장 신발가게 앞을 지나다
눈에 뜨인 하얀 고무 샌들

익숙한 모양에 나도 몰래 손에 쥔
아버지께서 신으셨던 그 샌들

눈물이 핑 도네

운동화는 빨리 닳아
구멍은 크지 않아야 해
무늬 없는 모양이 쉽게 찢어지지 않지

바람 통하지 않아도
빽빽한 모양을 고르셨지

아침이면 그 샌들을 신으시고
무겁고 큰 카메라 가방 메셨지

호랑이 그림 붙은 자전거 끌고
대문을 나가며 웃으셨지

말씀도 없는 아버지께서

얼마나 높은 언덕
골목골목을 다니셨을까

사진 한 장 건지려고
얼마나 많은 아이들 앞에서
웃기며 땀 흘리셨을까

지친 내색 없이 돌아오셔서는
발바닥에 생긴 작은 수포들을
바늘로 따시며
그곳에 담뱃재를 바르셨지

요놈들 나랑 살자 하네
껌딱지 너처럼 말이야, 하셨지

하늘나라에서도
그 샌들 신고 계실까

작은 소망

고추 한 줌

자두 한 봉지

미나리 한 묶음

쑥 한 소쿠리

올망졸망한 보따리 풀어놓은 할머니

긴 한숨을 몰아쉰다

오늘은 다 팔리려나

손주 손녀 오면 피자랑 치킨 사준다고 했는데

김장

황토에 긴 뿌리 내리고
파란 머리 풀어헤치고 서 있던 배추
소금물에 제물 되니
그 모습 곱고 단아하다

빼어난 맵시 곧은 다리 뽐내는 무
하얀 몸매 드러내 놓던 네가
사나운 칼질에 화들짝 놀라
길쭉길쭉 누워 슬퍼도 울지 못하네

그 마음 아는 듯 모르는 듯
아낙들의 웃음소리 귓전에 맴맴
붉은 가루들이 네 위에 뿌려져
이리저리 굴리고 또 굴려

바닷내 나는 멸치젓과 까나리젓
새우도 들어와 춤을 추고
진한 숨 막힐 향 마늘도 들어와
심장을 벌겋게 멍들이네

깔깔대는 아낙 손은 배추 속살마다
어여쁘게 발그레 분단장

붉은 머리 곱게 묶어
허리 둥근 집으로 시집보내네

귀머거리 삼 년
벙어리 삼 년
장님 삼 년

긴 세월 숙성되어 혀를 톡 쏘는 맛
두 눈이 질끈 감기는 신맛으로
눈 덮인 겨울 찬바람도 이겨내는 묵은지

긴 긴 겨울밤
기쁨으로 이야기꽃의 양식되어
항아리 가득 차면
마음도 차고 넘치는 것

구봉의 전설

이름이 무엇이었냐 물었더니
팔봉과 함께한 추억이 떠오르는 듯
긴 한숨 끝에 구봉이라 하더라
다시 생각에 잠기더니 백화라 하더라

안개꽃만큼 수많은 바위
사자바위 악어바위 용상바위
그 위로 바람이 노닐고
신선이 내려온다고

진달래 영산홍이 만발하여
어여쁜 산새들 찾아오고
냉천 골 깊은 물에 여름 더위 식히라고
일봉부터 팔봉까지 불러세워
구봉의 자랑질이 심했나 보다

시샘하는 봉우리들 등쌀에
기센 삼봉이 구봉을 밀어냈다 하네
덩그러니 태안으로 밀려와
외로움 달래려 태을암에 들러보니
좌로 석가여래
우로 약사여래불

마애삼존불 자비롭게 서 계시더라

불심에 원망이 녹아내리고
마주 보는 팔봉도 어여쁘다
척박한 돌 틈 솔 씨 하나 날아들어
만고풍상 겪고 살아온 소나무와
망양대서 수평선 바라보며
막걸리 한 사발 마시고
바둑으로 세상사 잊으며
백화로 살아간다더라

무의 운명

작은 몸 두꺼운 이불 덥고
몸살 앓다 껍질 벗는다
눈부셔!

팔을 뻗으니 허공
세계는 온통 낯설다

둘러보니 비슷한 얼굴들
파란 얼굴로 줄서기
매일 하는 키재기

나도 모르게 묵직해지는 하체
이를 어쩐담

점점 커서 무엇이 될꼬
자는 사이 커버린 다리

바람에 푸른 머리 식을 때
커다란 두 손이 나를 부른다

어디로 가는 걸까
날카로운 칼날로

푸른 머리 잘리고
길게 네모지게 반 토막 난다

시집이라도 보내야 하나
척척 발리어진 붉은 얼굴
누가 어여쁘다 할까

깨어보니 여인네들
나를 보며 깔깔대고
아삭거리며 웃어댄다

가훈

나 어릴 때 울 아버지

어린 나 무릎에 앉히시고
바른 마음으로 살라

말하는 법을 배울 때
죄가 되는 말 입에 담지 말라

말귀 알아들을 나이엔
남에게 해 되는 소리 귀에 담지 말라

철들어 세상을 배워 갈 즈음
대처럼 곧게 살라

강물처럼 유순하게 살라 하셨는데
아, 진정 잊고 있었다

머리가 크면
마음도 커지는 줄 알았지

훌쩍 몸만 커버린 지금
누가 내게 바른 마음으로 살라 하려나

서원

담으소서
빛바랜 성서 향기 속에
그분 삶의 정취 담아
새로 태어나소서

타오르소서
그분 영이 십자가와 하나 되어
고뇌 속에 활활 타오르듯
그분 영으로 타오르소서

피어나소서
삶의 밭이 험하고
때론 원치 않는 땅에 뿌리내릴지라도
그분 밭에 뿌려진 씨앗이오니
싹 트일 날 기다리며 피어나소서

어여쁜 이여
순수 담고 영으로 불타
꽃으로 피어난 이여
그분께 드릴 것 자신뿐이라
하나뿐인 목숨 바치신 이여
그분 안에 잠드소서

소나무의 화답

병풍처럼 펼쳐진 바위 틈새
연분홍 진달래가 피고 지고
언제 자리 잡았는지
거대한 바위 뚫고 자란 소나무

위태로움에 가슴 조이며 보는 내게
생명의 진귀함 알려주듯
푸르고 푸른빛을 낸다

어릴 적 그는 몰랐으리
긴 세월 그가 자라는 동안
몸 일부를 떨쳐 보내며
바위가 겪었을 고통을

혹여 떨어질세라
바람에 쓸릴세라
마음 졸이며 생명을 붙잡았던
바위의 마음을

청명한 하늘빛을 닮은 푸른빛
그저 어여쁘게만 볼 수 없어
곁 눈길로 얄미움 표현하니

>
　바위는 툭 치며
　그래도 그 덕에 외롭지 않았노라
　곁에 있어 고맙다고
　기쁘게 살았노라 허허 대네

딸이 떠나던 날

화초에 물을 주시던 아버지
이리 가지 틀면 그곳으로 자라고
저리 가지 틀면 그곳으로 뻗는
순한 화초에게
내 딸보다 나으이 하신다

화초 숨소리
흙이 물 마시는 소리
쭉쭉 뿌리내리는 소리

푸른 가지 힘차게 손 내미는 소리
뽀드득 새잎 돋는 소리도 듣는데
딸년 맘 소리 못 들으시니

아버지의 긴 한숨 화초 끝에 닿는다
한숨을 마셔버린 화초
온기를 뿜어내며
딸의 마음 전한다
나 대신 아버지 지켜 달랬다고

보이는 향기

안경을 벗으니
귀가 들리지 않는다

어두운 귀로
앞을 보려니 답답하고
더듬으며 걷는 내 모습이 처량하다

시야에서 사라지는 것들
높이 나는 새들
붉은 백일홍과 주홍색 능소화

추적추적 비 오는 날
축축한 풀냄새

개인 날 햇살 아래
부추꽃 강아지풀
선명한 향기로 보는 들판의 푸른 곡식들

비가 오려는지 비릿한 바람도
보이지 않고 들리지 않지만

깊은 눈빛처럼 다가와
선명해지는 삶의 향기

운명

한 길을 두 사람이 같이 갈 수 있지만

한 사람이 두 길을 동시에 갈 수 없음이라

돌아갈 수 없는 길

세월은 그 뜻을 아는지

앞서니 뒤서니 다투지 않고 벗 되어 나란히 동행하누나

긴 손과 짧은 손의 규칙

매끄럽고 정갈한 숨결

의식하지 않아도 숫자를 헤아리고

있는 듯 없는 듯 걸어온 수많은 길과

아직도 가야만 하는 긴 여정의 끝

그 끝이 어디인지 묻는 이 하나 없구나

내 안의 나를 찾아

  일주문 입구에서 사천왕과 씨름하다 온통 땀범벅으로 소리 지르며 일어났다

  꿈속인가 생시인가 다시 깊은 침잠에 빠지는데

  아침 찬가가 울려 퍼지는 수도원 마당에서

  하얀 수도복의 수녀들이 행렬하다 일제히 쓰러지고

  그 위로 잿빛 수도복의 내가 맨발로 걸어온다

  차가운 바닥 기운에 놀라 신발 찾아 헤맨다

  현관에도 없고 침실에도 없다

  아래층에서 위층 옥상까지 숨 가쁘게 달려가 찾고 또 찾아도 없다

  어디에도 없는 어디서도 찾을 수 없는 내 신발

숲에서 바다로

깊은 숲 청량한 샘에서
그대 영혼으로 목을 축이고
서서히 다가가는 그대 숨결은
나의 맥이 되고
메아리 되어 가슴속으로 번지누나

그 마음 부둥켜안고
더 사랑하고픈 몸부림으로
온 숲을 헤매고 다니는
내 머리 위로
하늘 열리고 빛이 쏟아지네

유달리 반짝이는 한 별을 따라 걸으면
어느새 그대 뜰이네
숲속 어둠은 곧 두려움
밤이슬 밟으며 서성이다 그대 품에
얼룩진 가슴 맺힘을 토해내누나

새벽하늘로 빛이 번져오고
그 빛 따라 걸으면 어느새 푸른 호수
태양의 밝음은 곧 새로움
옥빛 물결 속에 하늘 영이 흐르고

기운이 돌아 다시 작게 하늘 되다

잔물결 속에 작은 사랑들이 쪼개져
하나가 둘 되고 둘이 넷 되더니
수많은 작은 사랑들이
삶의 바다인 그대 품에서
온통 하나가 되네

4부

생이별

천지의 갈림인가
생사의 갈림인가
이승에서 벗하던 이
하늘 보고 눕는 곳

살아선 못 간다니
언제 죽어 따라갈꼬
이승에서 그리던 정
하늘에서 맺어보세

세상에서 벗하던 넋
저승길에 뿌리리라
가소 가소
미련일랑 여기두고

날개 달린 연기처럼
훠이훠이
날개 잃은 바닷새만
꺼이꺼이

밤바다

거센 바람에 움쩍 않는 그는
모진 세월을 그렇게 서 있었으리라

순백의 옷을 입은 파도
한발 먼저 몸 담가
잠시 쉬고 있는 달빛을 밀어낸다

저만치 밀려갔다 다시 돌아온 달빛
바다와 하나 되어 출렁출렁

벗이 있어 외로울 수 없는 바다
이 가을엔 외로움을 타고 있는 건가

눈치 빠른 석양 제풀에 눈 감고
바다 위에 살짝 몸 기댄 채
이 밤 지새우려 하네

달빛은 화가
파도와 빗줄기는 조각가
바람은 시인이었을까

나를 깨우는 것들

새벽 창 열면 마음이 먼저 닿는 물가
알몸 부끄러워
숨어서 새로 단장하는 오리들

간밤에 꿈꾸다 놀라 오줌 싼 연두 잎새
제 몸 씻으러 나와
햇살과 눈 마주치자 부끄러워

겨우내 속으로
속으로만 품었던 설렘

더는 품을 수 없는 매화는
분홍 입술 봉긋 내밀며 할 말 잊은 듯

어쩌다 발끝에 닿은 수선화 잎새
화들짝 놀라 숨을 곳 찾는다

큰 소리 내지 않는 풀꽃은
유유히 햇살 맞으며 미소 짓는다

봄은 이렇게 내게로 왔다
긴 잠에서 나를 깨우며

겨울나무

당신의 벌거벗음은
나로 인한 소멸이요
젖어오는 이 슬픔은
당신을 사랑한 까닭입니다

삶의 뒤안길에
머물러 계신 당신은
계절의 이완보다
더 깊은 사랑이요

마른 가지에서 쏟아지는
삶의 사연
삭히신 긴 침묵은
내 생명의 샘물입니다

차디찬 겨울 살을 에는
칼바람 속에서도
흔들리지 않고 벌거벗은 당신
내 삶의 깊은 뿌리입니다

동절기

겨울 산, 눈으로 덮인 만물상
하얀 외투를 걸친 그때부터
새로운 모습으로 탄생하네

여름과 가을에 볼 수 없는
눈으로 다시 태어난 모습
빈손이었던 나무가 눈으로 꽉 차서
눈 행진 눈 줄서기를 한다

겨울 산은
눈꽃 헤치고 스며드는
달빛에게 조차 호락호락
자신을 보여주지 않나니

겨울 산은 신성 공간
운무 떠오르는 때
나름대로 만찬을 준비하여
뜻하지 않은 손님 우리를 맞아

나무 위에 걸린 해 걸음
뿌연 안개 속에서
새롭게 빗질하며
하얀 숲으로 초대하누나

별빛 아래서

평상 위 붉은 고추

나란히 나란히 누워 제 몸 말리고

밭 가장자리 제멋대로 헝클어진 호박 넝쿨

까치 침에 물컹이 된 누런 배

꼬장꼬장했던 사과도 맥없이 물렁대고

이미 까치밥 되어 사라진 무화과

올 농사는 꽝이다 꽝

어둑어둑 저수지에 오리 떼 찾아들고

황소개구리 꽉꽉 울어대면

하늘 저 끝에

오리온자리 사각 모퉁이에 집 짓고

＞

　가지런한 별 세 개 걸어놓고

　고추처럼 평상에 누워 잠들고 싶다

단풍

꿈이었던가
붉은빛으로 타오르는 산

바람에 낯을 씻고
서로의 얼굴 비벼대며 입맞추는 잎새들
기꺼이 떠나는 이를 배웅하고
죽음 앞에서 생명의 노래를 부른다

꿈이었던가
생명으로 모두 타버린 산

하늘의 사연 사랑에 모두 담을 수 없어
불이 되어 활활 타오르는 잎새들
저마다의 빛을 받아들이며
숨 몰아쉬면서도 죽음을 노래한다

꿈이었던가
죽음으로 불타 생명이 되어버린 산

죽음이 빛으로 타올라 붉은 넋이 된
살아서 죽고 죽어서 사는 잎새들
침묵과 생명의 호흡이 하나 되어

피가 돌고 혼과 맥이 돌아 유유히 흐르는 산

꿈이었던가
죽음과 생명이 하나 되어 타는 산

훈계

   따사로운 햇살 비추는 대청마루 끝에 모녀가 앉아 이리저리 당기는 이불 홑청

   힘이 모자라 내 쪽이 쏠리면 엄마 눈도 한쪽으로 쏠린다

   시집은 어찌 갈꼬 물 한 모금 가득 물고 푸 하고 뿜어대면 고운 무지개 활짝 펼쳐지네

   곱게 접힌 하얀 홑청 차가운 다듬잇돌 위에 누워 메질을 당한다

   치는 이는 흥겨운 듯 이리저리 고개까지 끄덕이나 맞는 홑청 매 자국이 선명하다

   저리 맞고 어찌할꼬, 걱정마라 이래야만 예뻐진다

   나도 저리 맞으면 예뻐지려나

모태

암흑 속 혼자여도
외로움 몰랐으니 두렵지 않았다
안온한 내 집

생명수 뒤집어쓰고
해 맑게 웃으며 돌고 돌아
세상을 알지 못해도 즐거웠어라

밀알처럼 떨어져나와
아장아장 푸른 잔디에
첫발 딛고 홀로서기 그 몇 해

주어진 삶 다하고자 거친 숲 달리고
몽실몽실 이마의 땀방울로
무지개 수놓은 젊음

돌아봄에 너무 멀리 흘러온 인생
정들어 살만해도 그리워라
그곳, 내 고향

세월은 가끔 저 홀로

세월은 가끔 저 홀로 흐르고 흘러
낯선 곳으로 나를 데려다 놓아
온통 마음을 흔들어 놓네
섭섭함 가득하지만
잡을 수 있는 것이 세월이랴

그 순간 동행하는 이 있어 위로되고
젖어 드는 행복으로 이 순간
멈춰주길 바라는 마음
나이 잊고 사는 줄 알았는데
재촉하는 삶의 무게 실감하겠네

허둥대는 생각 더욱더 급해지는 시간
괜스레 떨치지 못한 세월로
주름진 눈가 적시고
이젠 다 흘려보내고 고요에 잠겨
내 마음 내려놓고 싶어라

미련 없이 빈손으로 떠나
영원히 깊은 침잠 속에
머물고 싶다 하면서도
안온한 삶을 거닐며 숨 쉬고 있음에
세월은 흐르고 흘러 가끔 저 홀로

태양의 고독

아침을 여는 창가에 고운 햇살
온화함을 선물하곤 하루 여행을 떠난다
첫인상은 강렬하지 않아
그의 모습 동그랗단 걸
의식하지 않아도 알 수 있으나

그가 여행을 시작하면 우리는
그의 모습 마주 볼 수 없다네
너무 붉어 섞일 수도 없고
강렬하여 타버릴지 모른다네
조심스레 다가가야 느낄 수 있는 너

멀리서는 강렬하게
곁에서는 부드럽게
한결같이 머무는 신비한 사랑
여행을 마쳐야 할 저녁이면
산 중턱 걸터앉아 우리를 기다리네

넓은 가슴에 한껏 안겨도 좋다고
파고들어도 괜찮다며 기다리는데
우리의 여행 시간은 그의 것과 다른가 보다
돌아와야 할 우리 마음 어디 가고
그만 홀로 산기슭을 서성이네

태풍

소리 없이 내리던 보슬비
바람을 몰고 왔다
외로운 모양이다

불러 모은 바람은
커다란 무리를 몰고
회오리가 되었다

바람은 머물지 않는 시간
떠나보내고 나서야 깨닫는다
그것으로 오랫동안 아프다는 걸

나는
또다시
잔잔한 이슬이 된다

삶

물과 육지가 생성되어
하늘 열릴 때
생명의 시작은
한줄기 물이었으리라

홀로 떠나는 여행길
그 몫 다하고
풍상에 견디어낸 돛단배
해안에 앉아 무지개 수놓고

주름졌다 펴진 수평선
형형색색 계절 속
하늘과 하나 되나 싶더니
다시 물결 되어 주름이 겹겹이라

억겁 세월 홀로 견딘
하얀 물새들의
힘찬 날갯짓
파도 되어 일렁인다

먼 곳 바람처럼 밀려와
세월 속의 고독 풀어 놓으리

하얀 물보라 닿은 육지
천년을 지켜온 고송 아래서

인연

한번 스쳐 간 바람은
다시 마주하지 않고

쏟아져 내린 물줄기는
그저 흘러갈 뿐

있는 듯 없는 듯
아는 듯 모르는 듯 다가와

아프게도 하고
치유하기도 하고

형체는 없으나
선명하게 보이고

바람에 날아간 줄 알았더니
구름 뒤로 다가오는 향기

책임져야 할 나이

거울 보는 습관이 없는 내가

오늘은 욕실 거울에 서서

사랑으로라는 노래 한 곡 다 부를 때까지

가만히 얼굴 들여 다 보았다

세월의 흔적인 검버섯

미소와 찡그림으로 생긴 주름

희끗희끗 서너 개에서 수십 개가 되어버린 흰 머리카락

길 잃은 철새 같아 멍하니 나를 바라보기만 했다

나를 달래주는 것들

한낮의 뜨거움을 한순간 식히는 가을
석양이 지면 뜨거웠던 들판도 추위를 탄다
무엇으로 기나긴 밤 따뜻하게 지샐까
달빛이 가만히 내려와 덮어 주누먼

뜨거운 햇볕에 검게 그을린 아낙네
무엇으로 희게 만들까
붉은 노을 눈만 껌벅이고
달빛이 가만히 내려와 말없이 표백 하누먼

바람까지 뜨거우니 헐떡이는 삽살개
배 깔고 혀만 널름거리는데
무엇으로 잠재우려나
역시 달빛이 내려와 토닥토닥 등 쓸어 주누먼

밝고 컸던 보름달 조금씩 작아지니
내 마음도 작아질까 안달이 난다
무엇으로 새가슴 달래 주려나
기울 때와 채울 때를 그리고 부족과 넘침을 깨닫게 되누먼

동부시장

골판지 상자 속 강아지

복슬복슬 네 마리

검둥이 흰둥이 누렁이 점박이

누가 먼저 팔리려나

검둥이 꼬리 치며 가고

흰둥이 징징대며 가고

붉은 해가 깜빡깜빡 눈 비비며

뉘엿뉘엿 서산 넘을 무렵

함께 졸던 누렁이 선잠 속

꼬마 품에 안겨 가 버린 장터

홀로 남은 점박이 목덜미에 할머니 손이 얹어지자

>
　　점박이의 투박한 발과 주둥이가

　　할머니 무릎에 엎어지며 내뱉는 긴 한숨

　　오늘 하루도 잘 지나갔다고

세상이 변해도 어쩔 수 없는 것

네모 상자 속
모든 것이 들어있어
세상이 너무도 쉽고 편하다
사극을 보고 싶으면 사극을
로맨스를 보고 싶으면 로맨스를
노래가 듣고 싶으면 노래를
운동하고 싶으면 요가 산책을
손안에 있는 작은 단추 하나로
원하는 것 내 눈 앞에 펼쳐진다
하릴없이 앉아
본능이 시키는 대로 놀아본다
그러나
목에 탁 걸리는 한 가지
보고 싶은 사람
아무리 눌러도
떠오르지 않는 그리운 사람
세상이 어둡다
그리고 아주,
아주 불편하다

초심으로 돌아가리

명창들은
소리 찾아 숲으로 갔지
거센 폭포 속 피 토하는 절규와
품은 한 풀어내고자
바람에 몸 싣고
이산 저산 떠돌아 다녔지

호흡 찾아 맥을 찾아
거듭거듭 피 토해내고도
성이 차질 않아 고막을 터트리고
눈마저 빼어버린
아 그 용솟음치는 호흡
이제 네가 느껴보는 거야

깊은 숲 폭포의 물흐름 따라
네 영혼 혼돈의 늪에서
출렁이고 요동치는
너의 열정을 뿜어 보는 거야
아我야!
이제 시작인 것을

해설
생의 풍경을 넘나드는 본질을 위한 서정의 시학

권혁재 시인

생의 풍경을 넘나드는 본질을 위한 서정의 시학

권혁재 시인

1. 일상적인 생애에 대한 성찰

  삶에 대한 성찰의 자세는 시인에게 사유를 불러일으키는 절대의 실재태이다. 금번 상재한 최연희의 첫 시집『봉숭아 꽃물 들이고 싶다』는 순간의 생애와 풍경을 넘나드는 정직한 고백과 독백들로 삶에 대한 본질의 외면과 내면을 교차시키면서 다양한 층위의 시말로 엮어내었다. 삶에서 삶이 아닌 것을 초월하거나 풍경 속에서 새로운 풍경을 빚어내는 시학을 은근하게 결합시켜내고 있다. 또한 삶이면서 보다 더 진실한 삶으로 아니면 풍경을 통해 성찰로 환원하려는 시적 사유에 대한 끈기가 곳곳에 산재해 있다.

  시인에게 삶의 성찰은 일상에서 마주치는 사소한 대상이나 서정이 아니라 존재에 대한 질문을 하는 절대의 행위이다. 최연희가 "우리의 도착지는 같다며/ 시침은 천천히 더딘 걸음으로 미소를 짓"(「시계」)거나 "겨우내 나를 지켰던 생명수, 네가 나를 보고 울고 있구나 네가 나에게 기쁨을 주는"(「고로쇠나무의 운명」) 사이에서 끄집어내는 풍경은 결코 삶의 안일한 모습이 아니다. 시에서 성찰은 인간 본연의 "어둠과 빛이 갈라지는"(「태양도 우는구나」) 것이면서 "퍼렇게 멍든 상처로 입을" 여는 것이기도 한 것이다. 이러한 삶에 대한 시인의 성찰은 "오늘도 나는 몸뻬 입고 장화 신고/ 녹슨 호미를 들고 풀밭으로" 가며 "손톱 끝에 풀물 들어/ 내 손톱에 둥지 틀고 사는 것들"을 보며 "긴 세월 함께 하는 벗/ 노후를 같이 보낼 수 있으니 외롭지 않다"(「봉숭아 꽃물 들이고 싶다」)하며 화자 자신에 대한 애틋한 바람조차. 시인이 추구하는 삶에 대한 진실한 빛깔을 봉숭아 꽃물 들이 듯 짙게 드러내고 있다.

  이러한 양상은 삶을 대하는 시인의 태도에서도 분명하게 나타나고 있다. "먼 산 끝자락을 달려온 안개가 저승길 바닥을 적"(「하늘 종소리」)시거나 "달랠 수 없는 아픔이 다가올 때/ 어머니의 미소는/ 한 모금의 죽"(「한 모금의 죽」)으로 생과 사의 이면을 한 생애로 성찰해내기도 한다. 때로는 "내 집인 양 뿌리 내리고 꽃 피우고"(「겨우살이」) 살아도 그야말로 한식구가 되어 "수액과 영양분을 나누는 한 몸"을 꿈꾸기도 하지만 최연희에게 본질적인 삶은 "딱지 앉아 떨어지지 않는 아픔/ 그 마음 읽어 보듬어 줄 누구 없으니/ 귀만, 귀만 열고 가슴으로 삭히며 살아낼 것"(「벽지의 생애」)으로 더 아프게 나타난다. 이를테면 최연희가 바라보고 있는 삶은 "일과 휴식의 상존"(「내가 쉬어갈 곳」)하는 공간이고, "무료하면서도 너무 빠른 시간에 정신이 없고"(「뻔한 넋두리」) "같은 듯하지만 절대 같지 않은 순간의 연속"으로 되거나 "참았던 숨을 길게 토해" 물들이는 봉숭아 꽃물인지도 모른다.

그런 반면에 최연희는 삶과 성찰에서 무엇을 중요하게 여기는지 분명히 알고 있고 어느 것을 우선순위에 두어야 하는지도 그 자신이 뚜렷한 태도를 지니고 있다. 그러한 자세와 태도는 시에 대한 지대한 영향을 끼치고 있기 때문이다. 「볍씨의 일생」에서 보여주는 "하얀 알갱이로 다시 태어나"는 "생명"의 기도에서 "겨울 나는 이들의 안식처"까지 삶에 대한 깊은 본질을 파악해내는 내밀성이 돋보인다. 이러한 양상은 「겨우살이」나 「볍씨의 일생」 등에서 심도 있게 잘 지적해내고 있다. 따라서 금번 상재한 최연희의 시집 『봉숭아 꽃물 들이고 싶다』는 검버섯이 생긴 손등을 바라보는 화자 자신에 대한 순수한 삶과 그런 삶을 통해 자아를 성찰해나가는 자세를 정직하게 고백하고 있다 하겠다. 이러한 예가 유사하게 잘 드러난 것이 아래의 작품 「벽지의 생애」이다.

늘 귀만 열고 세상을 살아간다
예쁜 얼굴에 선이 그어졌다

둥글고 노란 꽃
초록의 잎으로 가득한 얼굴에
선명하게 굵은 선

점선이 도돌도돌 부어올라도
귀만 있으니
아프다 소리 내지 못했을 것이다

누군가 상처를 보고 치유해 주었으면

작은 희망으로 기다린다

　　수많은 소리가 그곳에 닿을 때
　　얼마나 쓰리고 아렸을까

　　약이라도 발라주기를 기다리는 마음 가득해도
　　귀만 있으니
　　보채지도 못하고 울었을 것이다

　　부어오른 상처에 붉은 핏자국이 굳어가고
　　작은 둥지 틀어 상처를 후벼놓아도
　　참고 받아들여야 했으니 그 마음 어땠을까

　　딱지 앉아 떨어지지 않는 아픔
　　그 마음 열고 보듬어 줄 누구 없으니
　　귀만, 귀만 열고 가슴으로 삭히며 살아낼 것이다
　　　─「벽지의 생애」전문

2. 즉물성으로 화답하는 독백

　최연희의 작품에서 나타나는 가장 큰 특징은 사물과 화자와의 거리가 없다는 것이다. 또 대상을 직접적으로 거론하지만 격이 없고 그 만큼 또 시에 대한 뉘앙스가 풍부하다. 어떻게 보면 그가 시를 대하는 단초가 즉물성에서 기인하고 있음을 알 수 있다. 즉물성은 관념이나 추상이 아니라 실제의 사물에 비추어 화자의 생각이나 행동의 양식을 들추어내는 것이다. 최연희가 사물에서 시를 창작하기까지는 대단히 감각적이고 직관이 뛰어남을 감지할 수 있다. 그에게 즉물은 하나의 세계이자 관찰의 대상으로 시창작을 위한 지독한 사유와 연관된다. 최연희가 추구한 즉물은 지리적 환경과 생태적 영향과 밀접한 관계를 맺고 있다. 그래서 그가 살고 있는 인접한 지명과 자연환경과 비슷한 공간들이 적지 않게 시작품에 들어있다.

공간, 지리, 환경은 시인하고 떨쳐버릴 수 없는 것으로 시를 짓고 시의 문을 두드리는 첫 대상물이 되기도 한다. 최연희의 시집을 지배하는 즉물적인 형태인 공간과 서정은 물론 그 서정에 질문을 스스로 하는 독백까지 여지없이 들춰내고 있다. 개심사로 오르는 길에서 풀벌레의 소리와 솔새, 그리고 계곡물소리를 들으며 "햇살 반사되어 빛나는 초록빛 계단 다듬지 않는 투박함이 어색하지 않다 발바닥 닿는 곳마다 편안함이 있다"(「개심사 가는 길」)고 느낀다. 그러나 "세상 모든 번뇌를 벗어나 열반으로 들어가는 문 바람에 출렁이는 풍경소리 들으며 조심조심 발을 들여 놓는다"에서처럼 즉물성에서 나타나는 행동의 양식을 보여줌으로써 "번뇌"와 "열반"을 견지하는 듯 하면서 "해탈문이 나를 기다린다"는 독백으로 덧대면서 최연희는 시의 완성도를 맑고 순수하게 높여낸다.

독백은 시인의 말이자 시인을 대신하여 작품에 등장하는 화자의 말이기도 하다. 그래서 독백은 화자의 말이기도 하지만 사실은 독자에게 전하는 말이라고 하는 것이 더 타당하다. 독백은 화자가 드러내고자 하는 여러 가지 의미 등이 내재해있으나 그것을 받아들이는 대상은 결국 독자들이다.

시는 의미나 가치를 지니고 있어서 시를 읽는 독자 역시 의미나 가치를 독백처럼 듣게 되는 것이다. 이런 역할과 기술을 최연희가 시를 통해 독자와 소통하고 모두가 공유할 수 있는 독백으로 바꾸어 놓지 않았나 싶다.

> 살포시 한 장 두 장 붉음으로
> 세상에 나올 때마다 환호했을 밤빛들
>
> 너를 닮고 싶어
> 그저 너 닮고 싶어
> ―「튤립」 부분
>
> 바람에 하얀 파도 밀려오는
> 배꽃 숲에서 바다 내음
> 파도 소리 들린다
> ―「배밭에서」 부분

튤립을 보고 독백하는 모습은 즉물적으로 뱉어내는 듯하지만 "너를 닮고 싶어/ 그저 너 닮고 싶어"에서 나타나는 바와 같이 오래도록 간직해온 못다 한 말을 화자 자신에게 독백으로 '그저' 조심스럽게 하고 있다. 즉물성에서 감각이나 직관력이 잘 나타나고 있는 최연희의 일련의 시들이 보여주고 있는 내밀함은 한 폭의 그림이자 한 편의 아포리즘이다. "바람에 하얀 파도 밀려오는/ 배꽃 숲에서 바다 내음/ 파도 소리 들린다"는「배밭에서」나 "검붉게 피어오른 탐스러운 꽃잎/ 풍만한 가슴 그 속에/ 하루 시름 내려놓으리라"는 「해당화」의 작품은 그 극치를 이루고 있다. 또 「타이어」에서 보여주는 "아프다고 뽑지 마라/ 굴러가고/ 굴러가도 빠지지 않는 바람/ 가슴 한복판/ 못 하나 박고 사는 삶/ 그것이 인생이다"(「타이어」)라며 시적 즉물성에서 현실의 아픈 삶을 지적해내는 공적인 독백도 하고 있다.

  이외에도 "일몰"을 통해 아쉬운 이별의 정한을 노래하거나 속계에서 성계의 달빛을 밟고 삶에 대한 화두를 화자 자신이나 독자에게 묻는 「간월암에 올라」가 모두 즉물성으로 화답하는 독백으로 이루어져 있다. 그러나 최연희가 독백으로 궁극적으로 전하고자하는 말은 다음의 시 「팽이꽃」이 아닌가 싶다. 인간의 희로애락과 삶의 이치를 아주 극명하게 잘 드러내고 있다.

    가슴에 툭 하고 떨어진 한 송이

    맴맴 돌며 피어나는 꽃

    뱅그르르 돌아 일년

    뱅그르르 돌아 수십 년을 그려낸다

    바람이련가

    물결이련가

    채찍에 맞아 맴돌며 그려내는 인생 꽃

멈춤을 모르고 돌아야 피울 수 있는 꽃

　　무뎌지면 쓰러지고

　　날카로우면 다치나니 마음 비우고

　　돌고 돌며 피는 꽃
　　　―「팽이꽃」 전문

3. 기억에 대한 인연의 자리

　기억과 인연은 존재를 이어주는 연결고리이다. 기억이 과거와 현재를 이어주는 징검다리라고 한다면, 인연은 인과 연에 대한 원인과 결과에 따른 순차적인 가교의 역할이라 할 수 있다. 인은 결과를 낳기 위한 내적인 직접적 원인을 의미하고, 연은 이를 돕는 외적인 간접적 원인을 의미한다고 한다. 이 둘의 양자를 합쳐 원인의 뜻으로 사용하기도 하는데, 직접적인 원인과 간접적인 원인이 추동하여 하나의 원인으로 귀결하는 점에서는 동일하다고 보고 있다. 그래서 어쩌면 시도 인연을 만들고 인연을 낳는지도 모른다.
　최연희의 시에 나타나는 인연은 내적인 직접적 원인을 자아성찰이나 자아확립을 하는 요소로 대치되고 있으며, 주요한 질료들은 "고장난 수도꼭지, 유한과 무한, 1초, 나이테, 동절기, 단풍, 태양의 고독, 인연, 초심으로 돌아가리" 등이 등장한다. 이 각각의 질료들은 항상 최연희의 아득한 기억과 마주하고 있고, 어긋난 운명과 인연에 잇닿아 있다. 이들은 시를 통해 최연희의 시세계와 감상을 하는데 중요한 지표로 작용하는 것 또한 사실이다. 최연희가 삶의 시간이자 인연의 시간을 아주 짧게 잘 드러낸 것이 「1초」라는 작품이다.

  불꽃 튀는 사랑을 이루는 시간

  긍정의 힘으로 세상이 바뀌는 시간

  위험에 바진 목숨이 구해지는 시간

  긴 아픔과 오해를 씻고 용서하는 시간

  어둠 속 빛을 보고 다시 시작하는 시간
  —「1초」 전문

 최연희에게 어떤 시간은 "꼭지에서 바닥까지/ 찰나의 순간이/ 이별을 준비한 세월보다 긴"(「고장난 수도꼭지」) 기억으로 느껴지거나 "같은 곳에 머물다 가나/ 하나는 돌아옴/ 하나는 떠남"(「유한과 무한」)으로 공존할 수 없는 듯하면서도 공존할 수 있는 무한궤도 속에 가두어 놓고 있다. 그에게 유한과 무한은 둘 다 어쩔 수 없는 것으로 서로가 서로를 비추어보는 "같은 그림자, 같은 빛, 같은 세월, 같은 곳에 머무는" 것으로 공존의 궤도 위에 올려놓고 있다. 그래서 기억과 인연은 최연희에게는 언제든 되살아나고 언제든

시로 재현될 수 있다 하겠다.

이러한 예는 「나이테」에서 드러나고 있는 인연의 심연으로 조금씩 한 발을 늘려가는 나이테를 통해 "안온한 삶의 길"을 짚어 내거나 「딸이 떠나던 날」에서는 "한숨을 마셔버린 화초"를 아버지와의 인연을 추적해냄으로써, 아버지와 딸이 몸은 떨어져 있으나 마음은 떨어져 있지 않은 인과 연으로 묶어 놓기도 한다. 그리고 삶에 대한 역경과 고난을 극복하는 화자의 견고한 자세를 드러냄으로써 "있는 듯 없는 듯/ 아는 듯 모르는 듯 다가와"(「인연」) 인과 연으로 다시 마주치는 "인연"에 봉착하여 그 끝없는 삶과 인연을 "천년을 지켜온 고송"처럼 담대하게 지적해내고 있다.

시에서 기억과 인연은 삶을 추동하는 원인이자 존재에 대한 음영을 묻는 질문이기도 하다. 최연희의 시에 자주 등장하는 기억과 인연에 관한 질료들은 이런 쓰임새로 사용되지 않았나 싶다. 그래서 기억과 인연의 풍경들이 교차되고 중첩되면서 수채화에서 유화로, 아니면 유화에서 수채화로 덧칠되면서 새로운 기억과 인연을 그려낼 것으로 보인다. 시인의 말에서 밝혔듯이 두려운 정직한 고백이 최연희가 앞으로 다시 써야 할 은유에 대한 표현인지도 모른다. 시는 상처 난 기억에 대한 정직한 고백을 하는 것으로써 두려워할 필요가 없다. 두려워해야 할 것은 정직한 고백이 아니라 생애의 풍경이나 본질을 인식해내지 못하는 시창작에 있다. 정직한 고백 위에 긴 인연으로 이루어진 최연희의 새로운 서정의 시학을 또 만났으면 좋겠다.

최연희

최연희 시인은 인천에서 출생했고, 『시와수상』(시 부문)으로 등단했으며, '시와수상 문학상'을 수상했다. 한국문인협회 서산지부 부지부장 및 서산시인협회 사무국장을 역임했고, 한국문인협회, 충남문인협회, 서산예술총연합회 대의원으로 활동하고 있다. '시인의 향기 떨림' 외 다수의 동인지에 참여한 바가 있다.

최연희 시인의 첫 시집『봉숭아 꽃물 들이고 싶다』는 순간의 생애와 풍경을 넘나드는 정직한 고백과 독백들로 삶에 대한 본질의 외면과 내면을 교차시키면서 다양한 층위의 시말로 엮어내었다. 삶에서 삶이 아닌 것을 초월하거나 풍경 속에서 새로운 풍경을 빚어내는 시학을 은근하게 결합시켜 내고 있다. 또한 삶이면서 보다 더 진실한 삶으로 아니면 풍경을 통해 성찰로 환원하려는 시적 사유에 대한 끈기가 곳곳에 산재해 있다.

이메일 :lut114@hanmail.net

최연희 시집

봉숭아 꽃물 들이고 싶다

발　　행　2020년 6월 13일
지 은 이 　최연희
펴 낸 이 　반송림
편집디자인 김지호
펴 낸 곳　도서출판 지혜 • 계간시전문지 애지
기획위원 반경환 이형권
주　　소　34624 대전광역시 동구 태전로57, 2층 도서출판 지혜(삼성동)
전　　화　042-625-1140
팩　　스　042-627-1140
전자우편　ejisarang@hanmail.net
애지카페　cafe.daum.net/ejiliterature

ISBN : 979-11-5728-401-6　03810
값 9,000원

이 책의 판권은 지은이와 도서출판 지혜에 있습니다.
양측의 서면 동의 없는 무단 전제 및 복제를 금합니다.